AF143088

LE CHEMIN DE TOUTE LUMIÈRE

suivi de
LES PETITS CANTIQUES D'AMOUR,
Dialogues des Deux Amours.

Marie TUYET

Illustrations de l'auteur.

LE CHEMIN DE TOUTE LUMIÈRE

suivi de
LES PETITS CANTIQUES D'AMOUR,
Dialogues des Deux Amours.

Marie TUYET

© 2025 Marie TUYET

Édition : BoD · Books on Demand, 31 avenue Saint-Rémy, 57600 Forbach, bod@bod.fr

Impression : Libri Plureos GmbH, Friedensallee 273, 22763 Hamburg (Allemagne)

ISBN : 978-2-3225-2609-3

Dépôt légal : janvier 2025

LE CHEMIN DE TOUTE LUMIÈRE

suivi de
LES PETITS CANTIQUES D'AMOUR,
Dialogues des Deux Amours.

Marie TUYET

PROLOGUE

Le Chemin de Toute Lumière est cette quête de l'âme en guenilles, défigurée et brisée par les tourbillons du monde et des épreuves. Quête de sa propre vérité, où un chemin d'étoiles et de Grandeur Suprême peu à peu se découvre à l'Être encore fragile.

La Lumière *EST*. Elle appelle. À la souvenance. À la Transfiguration des âmes.

Inscrite dans les Mystères Divins tenus cachés dessous le sceau du mystère des âmes dont Elle est l'Émanescence, la Lumière elle-même se met en quête des Ses âmes perdues. Elle les appelle, une à une, à cette Vie qui saisit et restaure chacune au plus profond de son Être intime et personnel, sous l'action de la Grâce et du Souffle Divin.

Alors l'âme peut se mettre en chemin. Voici le temps de son éveil.

Ainsi se découvre peu à peu le Visage Divin en Celui de l'âme qui trouve en Lui Son Aimé Éternel. Ne dit-on pas que nous avons été créés à l'image de Dieu ? Il reconfigure ce qui avait été défiguré, pour nous révéler dans Ses cris d'Amour et de Père, Son Propre Coeur, empli de Miséricorde et d'Amour.

Se révèle à la petite âme son propre Cantique d'Amour, osant ses premier élans, poussant ses premiers soupirs, jusqu'à la fusion d'Amour avec Celui qui l'a créée.

Les dialogues amoureux de la créature étonnée avec Son Éternel sont désormais possibles, lui ouvrant les portes de son propre mystère comme de sa vocation de vie : aimer en Celui qui EST TOUT AMOUR pour En vivre d'Amour, en entrant dans la fusion des Deux Feux : celui de la petite âme promise de toute Éternité à tant de Beauté sacrée, avec Celui qui est PUR SOUFFLE et qui Se laisse de nouveau nommer : « *Père* ».

Alors, avec la Fiancée du Cantique des Cantiques, la petite âme revenue de ses ombres peut s'écrier : « *J'ai trouvé mon Aimé !* ».

LE CHEMIN DE TOUTE LUMIÈRE

« … Et puis remets-Moi ton jardin, celui de ton âme. Je ferai les arrachements dont tu n'as pas la force. Je ferai grandir les espèces rares. C'est Moi qui les ai plantées. Je saurai m'y prendre ».

Jésus Christ à Sr Gabrielle Bossis,
Lui et Moi, éd. Beauschenes.

Écrire sur la page blanche du Silence.

Écrire, à petits pas feutrés, comme l'on ferait en marchant
Dans un champ de neige immaculé,

Puis, entrer dans le Sanctuaire, chaque jour renouvelé,
De l'Être qui a soif et ne sait rien d'autre
Que sa propre béance…

Voici que je pénètre au Pays de Toute Lumière,
Comme un voyage en terre inconnue,
Que l'on aurait, pourtant, au fond de soi, toujours sue…

Se taire pour mieux s'ouvrir.

S'ouvrir pour s'offrir à la Grâce,
Des premiers pas sur la neige…

… Le Chemin de Toute Lumière…

Ô Beauté Intangible qui ne se voit ni ne se touche !
Recréé-moi, Toi, la toute cachée au creux des Grands Mystère !

Et moi je suis toutes le soifs de la terre,
Chaque jour je veux venir au Puits
Pour encore et encore, venir puiser l'Eau Vive …

Alors j'écris sur la page blanche du Silence.
Je lance mon appel muet.

Et la Terre et le Ciel m'emportent en leurs nuées secrètes
Par des sentiers que Toi seule, Beauté, connaît :

… Le Chemin de Toute Lumière…

J'ai déposé mes bagages à la porte du Silence.
Ils étaient devenus trop lourds.

Là où je vais, je n'en n'aurai plus besoin.

Que sont devenues les ombres qui engluaient mes pas ?

Offertes aux étoiles dans les larmes des prières,
Touchées par les Lumières :
Plus jamais elles n'iront, errantes dans la nuit.

Au moment qu'il faut pour elle
S'illumine la face cachée de la terre,
Lentement, tournant sur elle-même, elle va
Immuable, à l'appel du Soleil.

Rien ne peut arrêter sa ronde,
Peu à peu se dévoilent ses nouveaux contours
Et la beauté de ses propres mondes.

Au moment qu'il faut pour lui, s'ouvre le bourgeon en fleur.
Chacune en son heure, sur une même branche, pourtant.

Offre-toi mon âme au lent travail des heures !
En chacune d'elles, une lueur et une sève
Pour toi.

Que mes larmes de nuit
Deviennent Rosée du Jour...

Les Lumières sont toujours là :
Même si je ne les perçois pas.

NOS SŒURS LES LUMIÈRES.

I.

Elles n'ont pas peur des ombres
Nos soeurs les Lumières :
Elle sont créées pour elles.

Elles déposent un éclat au creux de chaque nuit.
Un tout petit éclat.
Mais c'est tout mon coeur qui brille,
Au gré de mon Être qui s'éveille.

Vois ! Les Lumières d'En-Haut et les Lumières d'en-bas
Ne sont plus qu'une seule âme,

La mienne, consumée en un seul Feu.

II.

Ah si vous vous donniez trop vite, mes soeur les Lumières,

Trop fort
Trop feu
J'aurais trop peur !

Le soleil se lève à l'est
Mais je ne vois pas encore son aube.
C'est que je me tiens de l'autre côté,

Là où la part d'ombre s'emplit encore de nuit.

J'entends l'oiseau du matin.
Il annonce le Jour Nouveau.
Il m'annonce une Promesse :
Chaque jour revient le Jour !
Et c'est pour cela qu'existent les nuits.

Puis le Soleil baignera chaque zone d'ombre,
Jusqu'à l'heure de son couchant.

Alors les âmes renaîtront dans la clarté du Petit Jour
Et elles verront Dieu pour toujours.

Léger le pas qui entre au Sanctuaire de Toute Lumière.
Léger le coeur,
Il devient : *Terre de Lumière dans le Ciel de son âme en Feu.*

AUTOUR DU FEU.

I.
Je me redresse dans le Silence.
Autour du feu se pressent les âmes refroidies d'amour.

Écoute, Enfant, le clapotis du Feu !
Chaque nuit comporte en elle son propre chant.

Attends son aube, attends son aube !
Dans la patience des jours et du temps.

Vois la Flamme qui monte !
Elle retourne aux étoiles
À la lune, et à toutes les brillances,

… Comme ton âme qui avance
Là où te portent tes pas.

II.
Elle viendra sur toi pendant ton sommeil.
Elle te surprendra au premier réveil.
Elle conduira tes pas et te dira
Le nom de chaque chose,
Juste pour le jour qu'il faut.

Vois le chant des astres !
Qu'il emplisse chacun de tes pas !

CHEMIN DE VIE.

Poser mes pas sur le Chemin de Vie :
C'est là que toute Lumière commence puis se donne,
Où peines et chagrins ne sont rien d'autre
Que les premiers hymnes de mon Aube qui s'avance...

Je Te dirai ce chant qui monte de moi
Qui vient et se pose
Sur chaque chose
De mon âme que Tu touches...

Ô Divin ! Dans le beau Silence retrouvé de la terre qui s'apaise
Je Te dirai dans un murmure :

« Amour ! c'est ici que je veux vivre,
Dans l'ICI de chaque battement d'heure
Et de mon âme-coeur naissant de Ton Souffle ».

LA VIE NE NOUS DIT PAS.

La Vie ne nous dit pas ce que sera demain ni par où coulent les eaux mortes de nos vies...

Le coeur s'en va,
Gonflé des peines des choses qui ne reviendront pas.
Le coeur s'en va,
Comme se posent nos pas dans le hasard des jours.

La Vie ne nous dit pas où nous attend la rivière pour boire,
Où appellent les champs pour la graine,
Où nous poserons le feu qui chante
Ni où nous trouverons le bois et la pierre pour les murs et les toits.

La Vie ne nous dit pas :
Elle nous appelle.

Et c'est pour cela que je marche.
Et c'est pour cela que j'espère
En appelant Ton Nom sur mon front.

Le 26/09/2023.

QUELQUE PART UN MURMURE.

Quelque part un murmure caché dessous le vent.

Quelque part une lumière qui brille dans un torrent.

Quelque part...

Là où mes pas s'égarent
Et se perdent et se plongent
Au Silence des sentiers et des gouffres.

Quelque part

Une Grandeur

M'attend.

Le 31/07/2023.

MESSAGES DES HOMMES D'AVANT.

L'Ancien à la Parole Sage avait dit :

« Suivez le Rayon de Lumière.
Celui du jour pour marcher en plein jour.
Celui de la nuit pour vous garder des loups.
Celui qui se cache et jaillit soudain pour vous dire :

« - Fils de la terre ! Marchez encore! Ce n'est pas ici.
Derrière la montagne, après le ruisseau
T'attend une terre.
Suivez le chemin des pierres… »

Nous marchâmes des jours et des nuits.
Posant nos pieds sur les chemins coupants des pierres,
Lorsqu'un Rayon de Lumière nous prit.

Bientôt la fatigue du corps et la faim qui crie
Ne seront plus rien d'autre
Que des rires dans la nuit.

Hier la plainte du loup dans le bois, puis soudain,
Le Rayon de lumière qui s'arrête et se pose
Et nous dit :` *« C'est ICI ! »* !

Les deux chemins des pierres et des lumières ne sont qu'un.
Souvenez-vous-en, pieds et corps meurtris !

L'Ancien à la Parole Sage
Nous l'avait bien dit.

Le 26/09/2023.

CACHER SON ÂME AUX COLLINES.

Cacher son âme dans les collines,
Où tout respire et tremble aux vents
Loin de ces bruits qui sont nos ruines
Et nous arrachent du Vivant.

Fermer mes yeux pour mieux m'ouvrir
Au bourgeon d'Être qui comprend
Que ce qui tremble et puis soupire
N'est que mon âme renaissant.

Ô ! Danser l'Être et le Mystère
Dans cette Grandeur qui nous surprend
Que soit bénie la Vie sur Terre !
S'offrir au Beau ! S'offrir au Grand !

Le 4/10/2023

CŒUR D'ANGE.

Je marche avec ma Joie sur les brisures des peines…
S'entend comme un sanglot de vent dans les sursaut des temps…

C'est un ange qui pleure aux larmes de l'ami.
C'est un orage qui cogne et tombe aux creux des nuits.

Y déposer une lueur de Ciel dans le secret de l'âme…
Puis repartir ailleurs sur les sentiers des peines.

Je marche avec mon Rire sur les brisures des peurs…
Se murmure comme un cri s'étouffant au désert…

Y déposer une lueur de Ciel dans le secret de l'âme…
Puis repartir au loin sur les sentiers des peurs.

Je marche avec mes ailes sur les brisures des âmes
Pour que ne s'enténèbrent ni le Pur ni le Vrai,`

Y déposer comme un grelot léger
Puis repartir encore sur les sentiers des cœurs…

Je sèmerai au vent d'Amour
Petits feux de lucioles
Avec mes ailes d'âme,
Si elles savaient les âmes,
Comme elles peuvent être belles.

Le 11/10/2023

MOI AUSSI.

26

Pousser la Porte sacrée du Cœur…
La Lumière d'Amour est là.

Par la Grâce du Feu d'Amour,
L'éternité de la Vie et de l'Instant présent
Ne sont qu'un.

> Par la Beauté du Divin,
>
> Par le Vivant d'Amour
>
> Tout est UN.
>
> *Et moi aussi.*

Le 18/10/2023.

LES PAS DU MESSAGER.

« Voici sur les Montagnes les Pas du Messager »,
Nahoum: 2,1-3
et Psaume 22.

Ô pas d'âme fragile !

Voyez « sur les Montagnes, le Pas du Messager » !

Vous suivrez sa trace au chant muet des rosées
Qui emperle la Terre et tout ce qui appelle…

Voyez ! Son Nom Sacré comme une Brise douce dans les murmures des vents !

Aux profondeurs des gouffres, abandonnez vos drames !
Viendra sur vous comme une Brillance
Qui ne se voit que lorsque le coeur est pauvre et muet,

Prêt ! à toute Espérance

Prêt ! à l'Aventure des courages et des luttes…

Au plus haut de vos chutes se toucheront le Ciel,
Le Souffle des Poussières et la poussière de votre souffle

Se verra Son Pas dessous les vôtres,
Et si tu doutes ô âme, et si tu trembles, ne t'enfuis pas :

Voici l'instant pleuré des hommes,
Celui de toutes soifs restées sans Eau

Celui des rires perdus aux rives des non-sens...

Son pas dessous le tien pour franchir avec toi les ravins de la mort,

Et délivrer le Chemin

De ta Naissance

Et de ta Royauté.

Le 8/11/20223.

Ô Chemin de Toute Lumière !

Je cherchais Dieu !

Mais ne le savais pas.

Le 11/08/2023.

LES PETITS CANTIQUES D'AMOUR,
dialogue des Deux Amours.

« - La voix de mon bien-aimé ! C'est lui, il vient… Il bondit sur les montagnes, il court sur les collines,
mon bien-aimé, pareil à la gazelle, au faon de la biche.
Le voici, c'est lui qui se tient derrière notre mur : il regarde aux fenêtres, guette par le treillage.
Il parle, mon bien-aimé, il me dit :

- Lève-toi, mon amie, ma toute belle, et viens…
Vois, l'hiver s'en est allé, les pluies ont cessé, elles se sont enfuies.
Sur la terre apparaissent les fleurs, le temps des chansons est venu et la voix de la tourterelle s'entend sur notre terre.
Le figuier a formé ses premiers fruits, la vigne fleurie exhale sa bonne odeur.
Lève-toi, mon amie, ma toute belle, et viens… »

Cantique des Cantiques.

Et je demande au Très Haut :

- Seigneur, de quel esprit suis-je faite ?

- De Mon Esprit.

Et je demande au Créateur du Monde et des êtres :

- Ô Dieu, quelle Vie coule en mon être ?

- Ma Vie.

Et je demande au Tout Amour :

- Ô Source, de quel amour puis-je aimer ?

- De Mon Amour.

Castelnau-le-Lez, Le 23/09/2022

LA PETITE ÂME

Je Te chanterai ma cantate d'Amour,
Ô Dieu !
De ma bouche à Ta bouche, aucun son...
Seuls s'entendront
Les frémissements de mon cœur à Ton Cœur...
Toi seul les sauras, Ô très Haut !
Toi seul les sauras !

LE TOUT AMOUR

J'écouterai ton amour dans les battements de Mon Cœur
Et toute la Création sera un seul et pur Chœur d'Amour...
Joie du Ciel sur la Terre :
Une âme s'ouvre au Rêve de Dieu !

Repose sur Mon Cœur, Petite Âme, repose sur Mon Cœur...
Tu as tant couru...
La Nuit sera courte et éternel
Le Nouveau Jour...

LA PETITE ÂME

Que Te dirais-je alors moi qui ai tant erré ?
Que Te dirais-je alors, Toi qui m'as tant aimée ?
Je boirai Ta Présence dans le Silence d'Amour,
Laissant couler des larmes
En Ton calice de Vie.

LE TOUT AMOUR

Si tu savais ces Grâces qui coulent de Mon Cœur !

En Moi ne sont que Paix et Amour…
Et dans Notre Silence d'Union
Se répareront le Monde et toutes ses blessures,
Au rythme de nos deux cœurs blottis.

LE TOUT AMOUR

Je t'ai cherchée si longtemps sur les sentiers du monde…
Mais chaque fois les obscurs loin de Moi t'emportaient !
Comme en des tourbillons de poussière et d'écumes
Qui ravissaient tes sens tandis que dans la nuit,
Je pleurais.

LA PETITE ÂME

Moi je ne savais rien des quatre vents du monde
Qui toujours m'emportaient :
Le vent des orgueils
Le vent des impatiences
Le vent des pauvres sens
Le vent des mille peines…

Ignorante comme une pauvre enfant des hommes
Qui ne connaît rien du Ciel ni de cette Promesse d'Amour
Qu'elle est.

LE TOUT AMOUR

Combien de larmes versées pour tant de pauvres âmes,
Oublieuses de tout et des Grands Commencements !
Terre ! De Moi seul vient Ton propre Chant !
À Moi Seul les âmes qui naissent,
Soupirent et Me reviennent
Quand elles meurent...

Mais seuls les emportent et enivrent
Les mouvants bourbiers de Satan...

LA PETITE ÂME

Dessous les branches basses de l'olivier en pleurs,
J'ai entendu soudain comme des Sanglots d'Amour,
Et mon cœur a frémi :
« -Est-ce Toi, Dieu, qui pleures dans la Nuit? ».

LA PETITE ÂME

Alors s'est brisé le sceau de la bête sur mon front.
Tombant à genoux sur le rocher où Tu saignes
J'ai crié de tout mon être, et mon âme desséchée
Poussa son Premier Cri :
« - Père ! ».

LE TOUT AMOUR

Ma toute petite enfant, dépouillée et sans vie !
Je t'ai prise sur Mon Cœur en réponse à ton cri !
Ai essuyé tes larmes, et épousé tes nuits.
Ô Nuit de Gethsémani !
Viens ! Vois ! Et reviens à la Vie !

LA PETITE ÂME

Tandis que je mourais, soudain je fus *saisie :*
S'ouvrirent mes entrailles aux profondeurs du Monde
Tout mon être trembla, comme sortant d'une tombe,
Se virent les mystères de la Terre et du Ciel
D'un seul coup, réunis...

À moi me furent rendus
L'être, l'Amour et la Vie !

LE TOUT AMOUR

J'inventerai pour toi des surprises d'Amour,
Et tu t'étonneras, de pas en pas, de joies en joies,

Sur les cordes de ton âme, je jouerai pour toi
Des cantates d'Amour que tu ne soupçonnes pas.

Vos âmes sont des harpes, douces et divines à la fois,
Où Se prend Votre Dieu,
Pour faire de vous des Rois...

LA PETITE ÂME

Ton Cœur en goutte à goutte
Coule sur tout mon être.
Je m'approche doucement, dans le Silence de la Croix.
Et chaque Plaie est vivante ! Et brûle de Vie pour moi !
Est-il un autre Dieu dans le Ciel
Est-il un autre Roi sur la terre
Qui meure ainsi d'Amour pour moi ?

LE TOUT AMOUR

Tes pas dans mes pas, Mon Cœur dans ton cœur,
Ô quelle Divine Joie !
En toi sont mes délices, et le repos du Roi.
Le Ciel en toi se mire, par toi Il se déploie :

Ô ma Petite Fille ! Mes Divins pâturages
Sont à toi.

LA PETITE ÂME

Mourant d'Amour, Tu es mon Éternel Mourant d'Amour
Même quand je ne le sais pas.
Et c'est ainsi que je prends Vie lorsque Tu meurs en moi.

À moi la PAIX !
À moi l'AMOUR !
À Nous la JOIE !

LE TOUT AMOUR

Que se taisent les mots, les sursauts et les peurs
À Ma Fontaine de Vie, viens ici et demeure…
Pour M'aimer sur la terre, sois mon petit ciel,
Mon petit cœur tremblant, petite âme-hirondelle…

LA PETITE ÂME

Je Te livre mon âme, mon être et tout mon souffle
Lumière ! Lumière ! Ne me repousse pas !
Loin de Ton Cœur je meurs,
Ô ne T'éloigne pas !

LE TOUT AMOUR

Ce que Je donne dans l'Amour, jamais ne Se reprend,
Mais Se donne et Se donne à qui sur lui Le prend.

Va ! Pars aimer tes frères, comme si c'était Moi !
Que l'Amour Se libère, et Se donne par toi !

Vois ! Comme est beau Le Rêve de Celui qui vous créa !
Ô mes divines âmes, Je soupire après vous
Revêtez-vous de Moi...

Que la Grâce surabonde et Se donne par toi !
Que l'Amour vous délivre
Et Se pose sur toi !
S'ouvrent les âmes libres sur les Chemins de Vie...

Alors Il se révélera, *Le Cantique d'Amour,*

Qui, un jour,
En chacun de vous
Se sema.

LA PETITE ÂME

Mon cœur dans Ton Cœur
Ma vie dans ta Vie
Prends ma tête en tes mains qui saignent,
Souffle sur mon front
Que mon être et ma vie Te reviennent…

Moi seule
Ne puis rien….

LE TOUT AMOUR.

Au rivage d'Amour viens puiser à la Source du Vivant !
Tu La trouveras partout :
Dans l'Ici, l'En-dedans, et tout l'Autour,
Au creux des nids
Au chaud des mousses
Dans l'éclat bondissant des rires
Aux reflets bleus des larmes
Et même au creux des peurs et des ombres…

Puisez, puisez les âmes !
À pleines mains, les Trésors du VIVANT !
Réservés aux cœurs qui tremblent
Incomplets et brûlants,

Depuis les Commencements
Et jusqu'aux derniers temps qui saignent
Du Temps.
LA PETITE ÂME:

LA PROMESSE.

Prendre de la Hauteur…
Et, tout là-haut, se fondre aux Airs Vivants,
De ceux qui sont le PUR et font la JOIE
De ceux qui sont le VRAI et créent la PAIX
De ceux sont L'INSTANT PRECIEUX
Et insufflent l'Amour…

Alors je m'élèverai plus haut que les cimes
Et dans un tremblement d'Amour, je m'arracherai à cette boue
qui m'enlise.
Non pas dans le mépris et le rejet d'elle-même et des choses,
non !
Mais à partir d'elles-mêmes, en un puissant Cri de Vie.

Je me remodèlerai toute.
Comme aux premiers temps de l'Homme
Quand nous sortions de la glaise formée de la Main même de
Dieu,

Comme en ce Jour Premier de mon existence
Où je naquis de Son Âme
Par Son Seul Souffle.

Car il me faut maintenant devenir
Ce que je fus, quand je n'étais qu'un germe.

Je suis *Promesse.*

Et voici le temps de ma Vie :

Cœur battant
Cœur offert,

Au Vivant de la terre et de tout mon être.

DIALOGUE DES DEUX AMOURS.

- Es-tu allée boire à l'eau des feuillages, Douce Colombe,
Sur cette terre d'aridité et d'oubli ?

As-tu trouvé la Perle d'eau qui toujours brille
Et rassasie jusqu'aux êtres perdus ?

Ne pleure plus. Viens sous Mon Ombrage reposer ton cœur et
tes vides,
Et Moi, Je les remplirai.

- Brillait la Perle d'Eau dans Ta Rosée du Jour.
Cachée au Puits de Tes Eaux Vives, Elle m'attendait.
Et me voici. Dressée dans le Petit Jour avec mes mains et mon
cœur nus,
Reformée des mains de Dieu Lui-même,
Pour un Nouveau Chant d'Amour.

- Entends-tu le Chant des Âmes Libres ?
Petite Tourterelle, Il plane au-dessus des vides et comble toute
fosse.
Ne crains pas. Devant lui les désespoirs se dissolvent et s'ef-
facent...

Ne reste que La Vie et ma Promesse d'Amour,
Qui vient sur toi
Et sur TOUS.

Chantons Petite Âme, Le Doux Cantique d'Amour !

L'ÉPIPHANIE DES ÂMES.

C'est ainsi que dans La Luminescence d'Amour,
Comme les étoiles dans le Ciel, qui peu à peu
Retrouvent Leur Feu,

Je chante moi aussi la Braise de l'âme promise,
Parée des Vertus des Enfants de Lumière...

Oui ! Elles toucheront au Feu, les âmes promises,
Appelées à renaître dans la Grâce du Jour,

Ce Jour où Le Seigneur se lève sur le Monde
Et ré-enfante une à une
Les âmes du Nouveau Jour.

Il est venu LE SOUFFLE !
Il Passe…
Et tout s'éveille en cette Grâce.

Achevé le 18/10/2023.
Castelnau-le-Lez.

BIOGRAPHIE.
Marie TUYET, Poète de l'âme.

Marie TUYET vit dans un village proche de Montpellier. Écrivant de la poésie depuis l'enfance, elle est membre de la Société des Poètes Français et Coordinatrice de l'Antenne Montpellier-Méditerranée de Poètes sans Frontières, où elle dirige le concours de poésie des Jeux Floraux Méditerranéens.
Auteure de 19 publications, elle a obtenu une dizaine de prix de poésie, notamment : en juillet 2023, Le Prix National des Jeux floraux de France pour « Le chant de la terre », publié chez Nouvelle Pléiade, et le Prix Charles Baudelaire 2017 à Paris, pour son recueil « Les Volcans de Braise ». Elle se produit sur scène ou part à la rencontre du public lors de soirées dédicaces, conférences sur la poésie, émissions radio (Émission Traces de Lumières sur Radio FM +, Voix Vives de Sète, Printemps des Poètes, …). Elle organise également des manifestations poétiques à but humanitaire pour Poètes sans Frontières et des causes lui tenant à coeur.

Se définissant comme une « Poète de l'âme », Marie TUYET chante la terre, la quête de Dieu, de l'homme, et celle de la Paix et de la Lumière.

Ancienne conseillère en insertion auprès des publics en difficulté, son parcours professionnel dense et atypique orienté vers l'humain et les combats pour les plus défavorisés, l'a conduite à développer des compétences diverses dans les secteurs de la gestion des compétences, du développement personnel, l'ingénierie de formation, l'animation socio-culturelle et touristique. Elle enseigne en parallèle depuis 1998 le taï-chi et chi-qong en entreprise, double culture héritée de son mari chinois.

PUBLICATIONS et DISTINCTIONS

- *Le chant de la terre,* éd. Nouvelle PléÏade, 2023, Grand Prix de France des Jeux Floraux 2023, Grand Prix des Jeux Floraux du Béarn 2023.
- *Comme un souffle sur mon âme*, éd. BOD, 2022.
- *Le jour du Monde,* éd. Nouvelle Pléïade, 2022, Diplôme d'honneur de la Société des Poètes Français, Paris.
- *Lettres Ouvertes à l'Amour*, éd. BOD.
- *L'Instant d'Amour*, éd. BOD.
- *Gongs d'Haïkus*, éd. BOD.
- *Les Petits Bonheurs*, éd. BOD.
- *Poèmes en voyage,* Accessit Jeux Floraux du Béarn 2019.
- *Le Chant de l' Âme,* éd. Nouvelle Pléïade, Diplôme d'honneur de la Société des Poètes Français, Paris.
- *Dans un vol de Colombes,* éd. BOD
- *Au Hasard des Chemins* , Diplôme d'honneur Jeux Floraux du Béarn.
- *Cherche Dieu ô mon âme*, éd. du Net.
- *Les Volcans de braise*, éd. Nouvelle Pléïade, Prix Charles Baudelaire 2017 Paris, Prix de Poètes sans Frontières, Orange, Prix de la Communauté de Lacq, Jeux Floraux du Béarn 2015.
- *À l'ombre des arbres en paix, poèmes pour la Paix.* ED. du NET. Prix de l'Espoir, Jeux Floraux Méditerranéens Narbonne 2013.

* <u>Recueils épuisés :</u> *Pour que danse l'Enfance, J'écrirai pour vous dire, Méditations aux Monts Huang Shan , La Petite fille aux Feuilles de Feu (conte), Contes et enseignements de Me SHEN, Pour que chant l'Enfance.*

* <u>Autre publications :</u> diverses parutions dans des revues d'arts et de lettres et anthologies collectives, comme l'Etrave et Paroles Chrétiennes, chez nouvelle Pléiade.

* SUR LE NET :

site de l'auteur :https://chaumarieodile.wixsite.com/marie-tuyetpoesie

ainsi que sur facebook, Instagram, Youtube.